ULTIMATE INTERIORS
Room by Room

ULTIMATE INTERIORS
Room by Room

monsa

ULTIMATE INTERIORS. ROOM BY ROOM
Copyright © 2015 Instituto Monsa de ediciones

Editor, concept, and project director
Josep María Minguet

Project's selection, design and layout
Patricia Martínez (equipo editorial Monsa)

INSTITUTO MONSA DE EDICIONES
Gravina 43 (08930)
Sant Adrià de Besòs
Barcelona (Spain)
Tlf. +34 93 381 00 50
www.monsa.com
monsa@monsa.com

Visit our official online store!
www.monsashop.com

Follow us on facebook!
facebook.com/monsashop

ISBN: 978-84-15829-87-4
D.L. B 7612-2015
Printed by Índice

Interior design is constantly evolving and always offers innovative and useful solutions for both architects and designers and for both owners and users in general. The growth in construction has driven the development of countless techniques and materials with which a home can be designed. Although architects continue to use traditional materials such as wood, stone and metal, these days this range has expanded enormously thanks to the latest technologies: glass, metal panels for covering walls, plastics and recycled materials. All of these are just some of the materials that help enrich the contemporary home. Today the character of each of the spaces in a house is given not only by its spatial composition, but also by a series of technical details and finishes that give a particular style to each of the rooms. Furthermore, the latest trends in furniture, lighting and decoration help define a new way of dealing with the way homes are designed today. The selection of projects presented here is done so that this book may become an inspiration for any reader interested in interior design. Their classification, laid out as a tour of each of the house's rooms, makes this book a practical guide that can be consulted easily. Each chapter includes a wide variety of styles, materials and finishes that may serve as inspiration for the design of each space.

El interiorismo evoluciona constantemente, y ofrece siempre soluciones novedosas y útiles tanto para arquitectos y diseñadores como para propietarios y usuarios en general. La evolución de la construcción ha impulsado el desarrollo de innumerables técnicas y materiales con los que proyectar una vivienda. Aunque los arquitectos siguen utilizando materiales tradicionales como la madera, la piedra o el metal, hoy en día este abanico se ha ampliado enormemente gracias a las últimas tecnologías: cristal, paneles metálicos para revestimiento de paredes, plásticos o materiales procedentes del reciclado son algunos de los materiales que ayudan a enriquecer la vivienda contemporánea. En la actualidad el carácter de cada uno de los espacios de la casa no solo viene dado por su composición espacial sino por una serie de detalles técnicos y acabados que otorgan un estilo particular a cada una de las estancias. Asimismo, las últimas tendencias en mobiliario, iluminación y decoración ayudan a definir una nueva manera de abordar el diseño de la vivienda de hoy. La selección de proyectos presentados hacen que este libro se convierta en fuente de inspiración para cualquier lector interesado el diseño de interiores. Su clasificación, planteada como un recorrido por cada una de las estancias de la casa, convierte a este libro en una guía práctica y de fácil consulta. En cada capítulo se encuentra una amplia variedad de estilos, materiales y acabados que sirven de inspiración para realizar el diseño de cada espacio.

Entranceway

The first thing we find when entering a home is the entranceway, the space of separation between the public and the private world, which invites us into the inner world of the house. The foyer is directly related to the spaces through which people move around the home, making these spaces take on great dynamism and acquire very diverse shapes and dimensions. These include very tall spaces whose vertical nature is accentuated, the placement of the stairs in the case of multi-story houses and spaces that are integrated with the living room.

The entranceway is the presentation space for the house, and generally also the element that articulates the rest of the rooms, which is why architects and designers pay special attention to its configuration. From here, one must understand the operation of the project, invite the visitor into the most social areas of the house, such as the living room and the dining room, and control passage into the more private areas, such as the bedrooms. When dealing with areas of transition within the house, they are usually spaces with little furniture, which is why the architectural elements and materials take on a leading role. Lighting, both natural and artificial, can help integrate the entranceway with the rest of the spaces in the home or contribute to emphasizing their contrast. Dome lighting, for those constructions that allow for it, is a characteristic feature of this type of space, as it cannot be used easily in other parts of the house.

Lo primero que nos encontramos al acceder a una vivienda es la entrada, el espacio de separación entre lo público y lo privado, y que nos invita al mundo interior de la casa. El vestíbulo de entrada está directamente relacionado con los espacios de circulación de la vivienda, haciendo que estos espacios cobren un gran dinamismo y adquieran formas y dimensiones muy variadas. Desde espacios de gran altura y en donde se resalta la verticalidad, al ubicar las escaleras en el caso de casas de varios niveles, hasta espacios que se integran con el salón.

La entrada es el espacio de presentación de la casa, y por lo general también el elemento que articula el resto de estancias, por lo que los arquitectos y diseñadores prestan especial atención a su configuración. Desde aquí se debe entender el funcionamiento del proyecto, invitar al visitante a las zonas más sociales de la casa, como la sala de estar y el comedor, y controlar el paso a las zonas más privadas, como los dormitorios. Al tratarse de zonas de transición dentro de la casa suelen ser espacios con poco mobiliario por lo que los elementos arquitectónicos y los materiales cobran gran protagonismo. La iluminación, tanto natural como artificial, puede ayudar a integrar la entrada con el resto de espacios de la vivienda o contribuir a enfatizar su contraste. La luz cenital, en el caso de construcciones que lo permitan, es un rasgo característico de este tipo de espacios ya que no se puede utilizar fácilmente en otros lugares de la casa.

Nicola Auciello/na3 – Studio di Architettura
© Celeste Cima

An example of the entranceway
integrated into the living/dining room.

Un ejemplo de la entrada integrada en
el salón-comedor.

Swatt | Miers Architects
© Russell Abraham

Hofman Dujardin Architects
© Matthijs van Roon

In many cases the entryway stairs distribute and separate the daytime and nighttime areas of the house.

En muchos casos la escalera de la entrada distribuye y separa las zonas de día y de noche de la casa.

SPG Architects
© Frank Oudeman

Pawel Garus, Jerzy Woźniak/mode:lina architekci
© Marcin Ratajczak

Living room

The functions that can be given to a living room are as varied as the styles and arrangements of furniture that can be achieved, from a space for large social gatherings to an intimate and personal lounge for relaxation or reading. The formality that traditionally has characterized this place in the house has given way in recent years to fresher, more informal and avant-garde styles. Thus, they are adapted to the needs of each user in the space available, and innovative design pieces are incorporated together with the latest technologies. An example of this is the incorporation of home theater and other high-tech equipment dedicated to leisure, which have revolutionized the provisioning and the forms of furniture that previously were used in this environment.

The architectural features of a living room depend on several factors, such as the type of client, the structure of the building, etc. In general, assuming that the climate is appropriate and if the project conditions allow such, one tries to orient this space toward the setting sun, since this space tends to be used more during afternoon hours. Great heights are used to create a impressive and fresh image, while a lower ceiling creates a more intimate and welcoming space. Usually warm materials such as wood, brick and natural stone are used. The furniture and decoration should emphasize the architectural character of the space and create a uniform and harmonious atmosphere. This can be achieved by mixing very different types of furniture, from rustic to avant-garde, that contribute to highlighting every corner of the living room.

Las funciones que se le puede dar a una sala de estar son tan diversas como los estilos y disposiciones de mobiliario que se pueden lograr, desde un espacio para grandes reuniones sociales hasta un salón íntimo y personal para la relajación o la lectura. La formalidad que tradicionalmente ha caracterizado a este lugar de la casa ha dado paso en los últimos años a estilos más frescos, informales y vanguardistas. Así, se adaptan a las necesidades de cada usuario al espacio disponible, y en donde se incorporan piezas innovadoras de diseño junto a las últimas tecnologías. Un ejemplo de esto es la incorporación del cine en casa y otros equipos de tecnología punta dedicados al ocio, que han revolucionado la disposición y las formas del mobiliario que antes se usaban en este ambiente.

Las características arquitectónicas de una sala de estar dependen de varios factores, como el tipo de cliente, la estructura del edificio... Por lo general, dependiendo del clima y siempre que las condiciones del proyecto lo permitan, se busca orientar este espacio hacia el sol poniente, ya que durante las horas de la tarde es cuando más se utiliza el espacio. Las grandes alturas sirven para crear una imagen imponente y fresca mientras que un techo más bajo crea un espacio más íntimo y acogedor. Se suelen utilizar materiales cálidos como la madera, el ladrillo o la piedra natural. El mobiliario y la decoración deberían enfatizar el carácter arquitectónico del espacio y así crear una atmósfera uniforme y armónica. Esto se puede lograr mezclando muebles de estilo muy diverso, desde rústicos hasta vanguardistas, que contribuyan a destacar cada rincón de la sala de estar.

Joseph Tanney, Robert Luntz, Paul Coughlin/Resolution: 4 Architecture
© RES4

By covering the terrace, we have a room
with a lot of natural light.

Al cubrir una terraza conseguiremos un
salón con mucha luz natural.

Swatt | Miers Architects
© Tim Griffith

Recdi8 studio
© Jordi Canosa

Longhi Architects
© Juan Solano

The tones used in the furniture are decisive for creating a warm or cool environment.

Los tonos utilizados en el mobiliario son determinantes para crear un ambiente más cálido o frío.

Ernesto M. Santalla/Studio Santalla
© Geoffrey Hodgdon

Leaving elements such as aluminum pipes and beams in plain sight highlights the industrial aspect of this loft.

Dejar a la vista elementos como las tuberías de aluminio y las vigas resalta el aspecto industrial de este loft.

FGMF – Forte, Gimenes & Marcondes Ferraz Arquitectos
© Fran Parente

The blue tones are the highlights of this room, and they
combine perfectly with the white-painted brick walls.

Los tonos azules son los protagonistas de este salón,
y combinan perfectamente con las paredes de ladrillo
pintado en blanco.

Hofman Dujardin Architects
© Matthijs van Roon

Foraster Arquitectos
© Joseba Bengoetxea

The minimalist style gives us spaces that are
more visually open.

El estilo minimalista nos proporciona espacios
más amplios visualmente.

PMK+Designers
© Joey Liu

Hiroyuki Shinozaki Architects
© Hiroyasu Sakaguchi, Hiroyuki Shinozaki Architects

Zecc Architecten
© Zecc Architecten

Zecc Architecten
© Zecc Architecten

We get very original environments thanks to the vinyl
prints on the walls.

Gracias a las estampaciones en vinilo de las paredes
conseguimos ambientes muy originales.

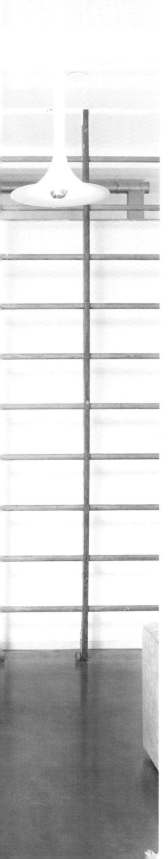

Dining room

Although some time ago it was preferred that this room be completely independent of the living room and the kitchen, nowadays it is very common to find that the dining room is linked to one or both of these areas. This open design provides a wide-open space that promotes everyday coexistence for families and allows social events to take place with greater fluidity and informality. There are some resources to separate or integrate the dining room with the kitchen: low walls, open plan kitchen, sliding doors and walls that hide part of the kitchen are some ways to partially differentiate these two spaces. Otherwise, there can be a fusion between them, and the dining room could even be used as a work surface in the kitchen.

The configuration of the dining room, its orientation, furniture and lighting play a fundamental role in creating a functional and welcoming space. Normally direct sun is avoided, as it can be bothersome when eating, but elements that block the sun, such as blinds or curtains, can always be used. A long shape favors having a rectangular or square table that can have extensions in case guests are over. This same table shape fits in very well in dining rooms that are an integral part of the kitchen. Meanwhile, round tables work very well in small spaces where one wants to optimize the number of possible diners. Lighting should be subdued throughout the space, but direct in the table area, so as to create a welcoming atmosphere that is highly valued.

Aunque hace algún tiempo se prefería que esta estancia fuera completamente independiente de la sala de estar y la cocina, hoy en día es muy común encontrar que el comedor esté ligado a una de estas dos zonas o a ambas. Esta concepción abierta proporciona un espacio amplio que fomenta la convivencia diaria en familia y permite que los eventos sociales se desarrollen con mayor fluidez e informalidad. Existen algunos recursos para separar o integrar el comedor con la cocina: muros bajos, barras americanas, puertas correderas o paredes que esconden parte de la cocina son algunas formas de diferenciar parcialmente estos dos espacios. Por el contrario puede existir una fusión entre ellos, y el comedor puede funcionar incluso como superficie de trabajo de la cocina.

La configuración del comedor, su orientación, mobiliario e iluminación, juegan un papel fundamental para crear un espacio funcional y acogedor. Normalmente se debe evitar el sol directo, que puede llegar a ser molesto a la hora de comer, pero siempre se pueden utilizar elementos que lo tamicen, como persianas o cortinas. Una forma longitudinal favorece la disposición de una mesa rectangular o cuadrada que puede tener extensiones para el caso de invitados. Esta misma forma de mesa se adapta muy bien en el caso de comedores que forman parte integral de la cocina. Mientras que la mesa redonda funciona muy bien para espacios reducidos en donde se quiere optimizar el número de posibles comensales. La iluminación debe ser tenue en todo el espacio pero directa en la zona de la mesa, de modo que se genere una atmósfera acogedora donde destaca la misma.

Wood panels create a warm and original atmosphere, and
we can use an entire wall as shelving.

Los paneles en madera crean un ambiente cálido y original,
y podemos utilizar toda una pared como estantería.

Edwards Moore
© Peter Bennetts

Hofman Dujardin Architects
© Matthijs van Roon

Sometimes the dining room table itself is nearly the only element in the room.

En ocasiones la mesa de comedor es casi el único elemento de la estancia.

Claire L. Andreas/Robert M. Gurney, FAIA
© Maxwell MacKenzie Architectural Photographer

Kokaistudios
© Charlie Xia

In both offerings for interior design, the open plan
kitchen leads to the dining room.

En ambas propuestas de interiorismo la cocina en
barra americana comunica con el comedor.

Nico van der Meulen Architects
© David Ross, Barend Roberts, Victoria Pilcher

Recdi8 studio
© Jordi Canosa

The translucent curtains scatter outdoor light and offer privacy in small apartments.

Las cortinas semi transparentes tamizan la luz exterior y ofrecen intimidad en apartamentos pequeños.

P&T Interiors
© CJ Isaac

FO Design
© Cynthia van Elk

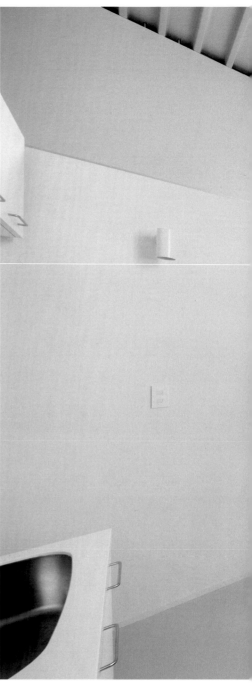

Ryuji Fujimura Architects
© Takumi Ota

Carolina Nisivoccia
© Paolo Utimpergher, Paolo Riolzi

Kitchen

Natural light and ventilation are essential in kitchens. Fitting a window allows the smoke and smell from cooking food to disappear more quickly (and ecologically) than a kitchen hood, although both solutions tend to be necessary. Moreover, daylight is ideal for preparing food; it is therefore preferable not to block natural sources of light with furnishings or other objects. For natural light and proper ventilation to be favorable elements in the kitchen, the space and furniture need to be arranged in keeping with the building features, taking all types of openings and windows into account. Hence care should be taken to avoid having windows behind areas where food is prepared. If this were indeed the case, too many shadows would be cast and it would often be necessary to have artificial lighting in the kitchens. A good option might be to place the sink or the table underneath the window. Curtains or roller blinds can be installed to regulate the intensity of light, choosing between different options such as wood or fabric.

In addition, artificial lighting is also usually necessary. Care should be taken to make sure that the appliances are well lit by installing lights underneath the wall units. Most smoke extractors have lights incorporated, which are basic for being able to cook properly and efficiently. The cooking area, sink and worktop require lighting without any shadows. One solution might be to complete the lighting with lights fitted underneath the wall units in the kitchen or on the walls. The main lighting in the room should be quite powerful.

La luz natural y la ventilación son esenciales en la cocina. La colocación de una ventana externa permitirá que los humos y el olor de las comidas desaparezcan de forma más rápida (y ecológica) que con un extractor de humos, aunque los dos elementos suelen ser necesarios. Además, la luz del día es ideal para cocinar, por lo que es preferible no bloquear las fuentes de luz natural con mobiliario u otros objetos. Para poder aprovechar en la cocina la luz natural y una correcta ventilación, hay que organizar el espacio y los muebles en función de las características de la construcción, considerando la presencia de ventanas y aberturas de todo tipo. Por este motivo, hay que evitar que las ventanas queden detrás del área donde se prepara la comida. Si así fuera, se proyectarían demasiadas sombras y se necesitaría a menudo la luz artificial. Es mejor colocar la mesa de trabajo debajo de la ventana, y se pueden instalar cortinas o persianas enrollables para regular la intensidad de la luz, de las que existen diferentes tipos, como las de madera o las de tela.

Por otro lado, la iluminación artificial también suele ser necesaria. La mayoría de las campanas extractoras de humo incluyen luces, que resultan muy útiles para cocinar. La zona de fuegos, fregadero y encimera requiere una iluminación sin sombras. Una solución puede ser completar la iluminación con luces bajo los módulos superiores de la cocina o con apliques de pared. En cuanto a la luz general, debe ser potente.

The traditional doors on wall cabinets, which open
horizontally to the left or right, are being replaced by
those that open vertically.

Las tradicionales puertas de los armarios suspendidos,
que se abren horizontalmente hacia la izquierda o la
derecha, están siendo reemplazadas por las de apertura
vertical.

PEDINI

Carolina Nisivoccia
© Paolo Utimpergher, Paolo Riolzi

Miró Rivera Architects
© Paul Finkel

© Binova

ALNO

© Binova

To make the most of the space and create a breakfast area in the kitchen itself, you can have a small table that pulls out from the worktop.

Para aprovechar el espacio y crear una zona para desayunar en la misma cocina, se puede añadir una mesita que se expanda de la zona de trabajo.

BINOVA

ALNO

In corner units, it is often difficult to get to objects stored inside. Lazy susans and systems with removable shelves are a good solution.

En los muebles esquineros, acceder a los objetos guardados resulta incómodo. Los estantes rotatorios y los sistemas de baldas extraíbles son una buena solución.

CESAR

ALNO

TECNOCUCINA

CESAR

ERNESTO MEDA

The aluminium knobs on the outside can be replaced by practical internal springs, leaving the surfaces completely smooth.

Los tiradores exteriores de aluminio pueden sustituirse por prácticos resortes interiores para ofrecer superficies completamente lisas.

BINOVA

When there is no room for a conventional table, a cantilever countertop that can be extended will make the unit look lighter and provide an extra work surface.

Cuando no hay espacio para una mesa convencional, una encimera volada que se prolonga transmite ligereza al mueble y proporciona una superficie de trabajo suplementaria.

ERNESTO MEDA

FITTING

Due to the absence of knobs, the drawers and doors on cabinets go unnoticed, leaving a smooth surface.

Debido a la ausencia de tiradores, los cajones o las puertas de los armarios pasan inadvertidos y dejan una superficie lisa.

DADA

DADA

Any space is ideal for designing small places to keep utensils.

Cualquier espacio es idóneo para diseñar pequeños rincones de almacenaje donde guardar los utensilios.

ALNO

MOBALCO

EBANIS

BINOVA

BINOVA

MOBALCO

BINOVA

In the kitchen, lighting has a key role to play. Lights should be used in the area where food is prepared, the dining area and storage space.

En la cocina, la iluminación tiene un papel importante. Las luces deben iluminar la zona de preparación, el espacio para comer y los puntos de almacenamiento.

DICA

© Dada

Aurora Polo, Borja Garmendia/Pensando en blanco
© Galder Izaguirre

Apart from the classic designs of extractor hoods, there
are other models that go unnoticed, because they just
look like another of the kitchen's decorative items.

Aparte de los clásicos diseños de campanas
extractoras, existen otros modelos que pasan
inadvertidos, pues se convierten en un elemento
decorativo más de la cocina.

ELICA

Nico van der Meulen Architects
© David Ross, Barend Roberts, Victoria Pilcher

Bathroom

The bathroom, as with the kitchen, is one of the spaces in the house that has undergone a major transformation in recent years thanks to the implementation of new technologies, materials and finishes. The design of the bathroom has always been adapted to the customs and characteristics of each period: as time has gone on, new water-resistant materials have been incorporated, and nowadays they are veritable sanctuaries to bodily hygiene and relaxation. One of the essential features when designing a bathroom is to give it the maximum amount of brightness and spaciousness, but at the same time preserve the privacy that it requires.

Technical requirements on the bathroom space have an effect on designs that use both traditional materials, such as wood, glass, ceramics or marble, and innovative finishes, such as porcelain, resin and stainless steel. Currently there are many offerings that can project a classic or avant-garde bathroom, with rustic or minimalist styling designs. The design of the lighting should allow for different levels of brightness, from a very dim level for taking a relaxing bath to the most homogeneous and intense for the area in front of the mirror. The influence of other cultures, such as Scandinavia and Japan, also has helped change the attitude toward the bathroom. In them, this piece is seen as being very natural as a room in which mental well-being is as important as physical well-being and taking care of them both. Thus the culture of the bathroom flourishes, as nowadays it is not simply a place where one washes him or herself, but also a space where one can relax and feel good.

El baño, al igual que la cocina, es uno de los espacios de la casa que ha sufrido una mayor transformación en los últimos años gracias a la implementación de nuevas tecnologías, materiales y acabados. El diseño del baño se ha adaptado siempre a las costumbres y características de cada época: con el paso del tiempo se han incorporado nuevos materiales resistentes al agua, y hoy en día son verdaderos santuarios de la higiene corporal y la relajación. Una de las características esenciales a la hora de diseñar una baño es la de otorgarle el máximo de luminosidad y amplitud pero al mismo tiempo conservando la intimidad que requiere.

Los requerimientos técnicos del espacio del baño repercuten en diseños que utilizan tanto materiales tradicionales como la madera, el cristal, la cerámica o el mármol, como acabados innovadores, ya sean las porcelanas, resinas o el acero inoxidable. En la actualidad existen múltiples propuestas que permiten proyectar un baño clásico o vanguardista, de estilo rústico o de estilizadas formas minimalistas. El diseño de la iluminación debe permitir diferentes niveles de luminosidad, desde la muy tenue para tomar un baño relajante hasta la más homogénea e intensa para la zona del espejo. La influencia de otras culturas, como la escandinava o la japonesa, ha contribuido asimismo al cambio de actitud con respecto al cuarto de baño. En ellas, esta pieza se ve con toda naturalidad como una estancia en la que el bienestar anímico es tan importante como el cuidado del cuerpo. Así florece la cultura del baño, que ahora no es simplemente un lugar para lavarse sino también un espacio en el cual relajarse y sentirse bien.

Edwards Moore
© Peter Bennetts

An example of the bathroom integrated into the bedroom.
Un ejemplo del baño integrado en el dormitorio.

FGMF – Forte, Gimenes & Marcondes Ferraz Arquitectos
© Fran Parente

Japanese style in this minimalist bathroom.
Estilo japonés en este baño minimalista.

Yasuhiro Yamashita/Atelier Tekuto
© Toshihiro Sobajima

Pawel Garus, Jerzy Woźniak / mode:lina architekci
© Marcin Ratajczak

Massimo Adiansi
© Barbara Bonomi, Gabriele Gatta

esé studio
© Ionna Roufopoulou

In this case, the bathroom leads directly to an inner patio. This is a good option for providing natural light.

En este caso el baño comunica directamente con un patio interior. Es una buena opción para aportar luz natural.

Dalibor Hlaváček / idhea
© Dalibor Hlaváček

Bathroom located in the attic of the house,
with a skylight in the ceiling.

Baño situado en la buhardilla de la casa,
con claraboya en el techo.

reinhardt_jung
© Lumen Photography

Kokaistudios
© Charlie Xia

Claire L. Andreas/Robert M. Gurney, FAIA
© Maxwell MacKenzie Architectural Photographer

A further example: a wall of pebbles
simulates the landscape outside.

Otro ejemplo: una pared de guijarros que
simula el paisaje de fuera.

Erla Dögg Ingjaldsdóttir, Tryggvi Thorsteinsson/Minarc

Ion Popusoi, Bogdan Preda/IN SITU architecture
© Cosmin Dragomir

The originality of the toilets provides a different touch to the bathroom, plus different colors are used on each wall.

La originalidad de los sanitarios aportan un toque diferente al baño, así como utilizar colores distintos en cada pared.

FO Design
© Cynthia van Elk

IF – Integrated Field
© Wison Tungthunya, IF

Marià Castelló Martínez
© Estudi EPDSE

The translucent dividers isolate the shower from the rest of the bathroom without taking away the clarity of the whole room.

Las mamparas translúcidas aíslan la ducha del resto del baño sin restar claridad al conjunto.

Tiago do Vale Arquitectos
© João Morgado

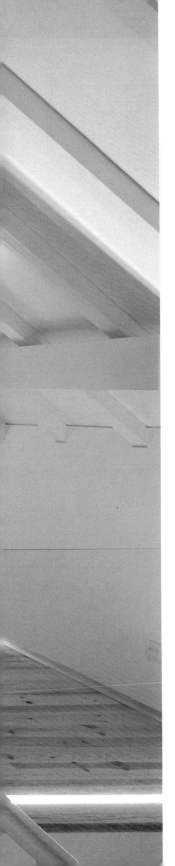

Bedroom

The bedroom is the place intended mainly for relaxation and rest; therefore, it is the most private and intimate part of the house. The design of this space should contribute to these conditions and isolate this room from the rest of the house as much as possible. The current design of the bedroom seeks on one hand a simple language, with few elements, creating clean and clear spaces. On the other hand, the designer must solve the integration of the bedroom with the rest of the home. There are several strategies to do this, such as sliding doors, arrays of cabinets to separate it from other areas or glass dividers. The lighting must be carefully controlled in bedrooms to achieve an intimate and welcoming atmosphere. Direct light inside the space should be avoided, which is why the bedroom should be oriented carefully with respect to the sun, if this liberty should be possible, or have the passage of light be controlled via architectural or decorative elements, such as blinds or curtains.

The furniture and decorations are decisive in achieving a suitable relaxation space adapted to the needs of each client. Generally an array of soft, but also bright, colors is sought after, but they should always be from among those considered relaxing, such as green or blue. Wood is the ideal material, due to its warmth for this kind of space, although there is a wide range of materials, such as stone or brick for ground and wall coverings and metal and glass for furniture elements. In larger homes, the bedroom may have a private lounge, reading room or TV room, while for smaller homes, basic furniture is sufficient.

El dormitorio es el lugar destinado principalmente a la relajación y el descanso, por lo tanto, el recinto más privado e íntimo de la casa. El diseño de este espacio debe propiciar estas condiciones y aislar lo máximo posible esta estancia del resto de la casa. En la concepción actual del dormitorio se busca por una parte un leguaje sencillo, con pocos elementos, creando espacios diáfanos y limpios. Por otra parte el diseñador debe solucionar la integración del dormitorio con el resto de espacios de la vivienda: existen diversas estrategias como puertas correderas, módulos de armarios para separarlo de las demás zonas, o mamparas de cristal. La iluminación debe estar cuidadosamente controlada en los dormitorios para lograr una atmósfera íntima y acogedora. Se debe evitar la luz directa dentro del espacio por lo que se debe orientar adecuadamente con respecto al sol, en el caso en el que exista esta libertad, o controlar el paso de la luz por medio de elementos arquitectónicos o decorativos, como persianas o cortinas.

El mobiliario y la decoración resultan determinantes a la hora de lograr un espacio de relajación apropiado y adaptado a las necesidades de cada cliente. Por lo general se busca una gama de colores suaves, pero también colores vivos, aunque siempre dentro de los considerados relajantes, como el verde o el azul. La madera es el material idóneo, por su calidez para este tipo de espacios, aunque existen una amplia gama de materiales, como la piedra o el ladrillo para los revestimientos de suelos y paredes, y el metal y el cristal para elementos de mobiliario. En las viviendas más grandes el dormitorio puede incorporar un salón privado, o una sala de lectura, mientras que en las viviendas más pequeñas es suficiente con el mobiliario básico.

Gonçalo Salazar de Sousa Arquitectos
© João Morgado – Architecture Photography

Massimo Adiansi
© Barbara Bonomi, Gabriele Gatta

Regardless of the type of home, wood plays an important role in the bedroom. It is a material that adapts to any lifestyle and gives warmth to the space.

Sin importar el tipo de vivienda, la madera juega un papel importante en el dormitorio. Es un material que se adapta a cualquier estilo y otorga calidez al espacio.

In this bedroom, a staircase
leads up to the single bed.

En este dormitorio, una escalera
lleva hasta la cama individual.

MacKay-Lyons Sweetapple Architects
© Greg Richardson

Kokaistudios
© Charlie Xia

A seating area can be added in large spaces.
En grandes espacios se puede añadir una zona de estar.

Nico van der Meulen Architects
© David Ross, Barend Roberts, Victoria Pilcher

esé studio
© Ionna Roufopoulou

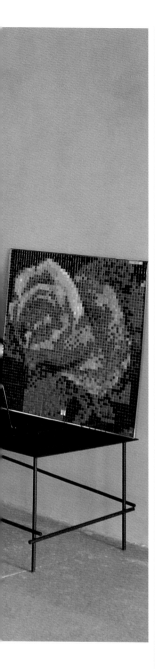

Longhi Architects
© Juan Solano

Rad Design
© Donna Griffith

A wall behind the headboard hides the cabinet.
Una pared tras el cabezal oculta el armario.

reinhardt_jung
© Lumen Photography

studioMDA
© Roland Halbe

Estudio Teresa Sapey
© Estudio Teresa Sapey

Examples of bedrooms open onto the garden or the terrace.
Ejemplos de dormitorios abiertos al jardín o a la terraza.

Zecc Architecten
© Zecc Architecten

Child's bedroom

Children's rooms are unique because they are very flexible and multi-functional spaces. They are bedrooms and places of rest, but also areas for studying, playing and working. Many activities demand efficient and intelligent design that produces a type of space with such particular and diverse characteristics. It should be a space that is welcoming and happy, but at the same time relaxing, with materials and finishes that are strong, but at the same time comfortable, and with the greatest amount of free space available for games, but at the same time with a lot of space for storage. It is important that flexibility, growth and change in children's taste with the passage of time be taken into consideration. One must also think about safety, especially in rooms for smaller children.

Depending on the age of the children, as well as on the style that the parents prefer, the interior design of these spaces can be very varied. These include everything from rustic or classic spaces to rooms that incorporate the latest technology, in the form of electronic devices to monitor younger children, or play, studies or work for the older ones. There is furniture on the market that makes it easier to have these sorts of rooms, or all of the elements that make them up can be designed and adjusted to the measurements of the space. Decoration in soft colors, such as white, gray or beige, offers the advantage that they may remain for a longer amount of time. The use of bright colors can create a more personal and striking atmosphere, although sometimes it may be necessary to need to renovate the space in a short time.

Las habitaciones de los niños tienen la particularidad de ser espacios verdaderamente flexibles y multifuncionales. Son dormitorios, espacios de descanso, pero también estudios, zonas de juego y trabajo. Tantas actividades exigen un diseño efectivo e inteligente, que produzca un tipo de espacio de características tan particulares y diversas. Debe ser un espacio acogedor y alegre, pero al mismo tiempo relajante, con materiales y acabados resistentes, pero al mismo tiempo cómodo y con la mayor zona libre posible para juegos pero al mismo tiempo con mucho espacio para almacenaje. Es importante que se tome en consideración la flexibilidad, el crecimiento y el cambio de gustos de los niños con el paso del tiempo. También se ha de pensar en la seguridad, especialmente en las habitaciones de los más pequeños.

Según la edad de los hijos, así como del estilo que prefieran los padres, el diseño interior de estos espacios puede ser muy variado. Desde espacios rústicos, clásicos, hasta habitaciones que reúnen la más alta tecnología, en forma de aparatos electrónicos para monitorear a los más pequeños, o el juego, el estudio o el trabajo para los más mayores. Existen muebles en el mercado que facilitan la disposición de estas habitaciones, o se pueden diseñar todos los elementos que la componen y así ajustarlos a las medidas del espacio. La decoración en colores suaves, como el blanco, gris o beige, ofrece la ventaja que puede permanecer durante más tiempo. El uso de colores más vivos puede crear una atmósfera más personal y llamativa, aunque entonces es posible tener que renovar el espacio al poco tiempo.

Massimo Adiansi
© Barbara Bonomi, Gabriele Gatta

Massimo Adiansi
© Barbara Bonomi, Gabriele Gatta

Bright colors, in this case combining blue and green, give life to any child's bedroom.

Los colores brillantes, en este caso combinando azul y verde, dan vida a cualquier dormitorio infantil.

Joseph Tanney, Robert Luntz, Paul Coughlin/Resolution: 4 Architecture
© RES4

If there is space, a study table can be placed here.
Si hay espacio, se puede colocar una mesa de estudio.

Javier Campos, Michael Leckie/Campos Leckie Studio
© John Sinal

Javier Campos, Michael Leckie/Campos Leckie Studio
© John Sinal

Light and neutral colors and furniture with soft lines
and which can be transformed are very appropriate
for rooms for newborns and are easily adapted for the
children's growth.

Los colores claros y neutros y un mobiliario de líneas
suaves y que se pueda transformar, son muy apropiados
para habitaciones de recién nacidos, y se adaptan
fácilmente al crecimiento de los niños.

Joseph Tanney, Robert Luntz, Kristen Mason/Resolution: 4 Architecture

Creating an attic is a good solution for gaining space when the height of the home permits such.

Crear un altillo es una buena solución para ganar espacio cuando la altura de la vivienda lo permite.

Sketches

Naoto Mitsumoto, Naoko Hamana / mihadesign
© Sadao Hotta

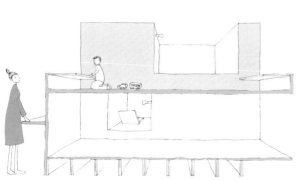

Sketches

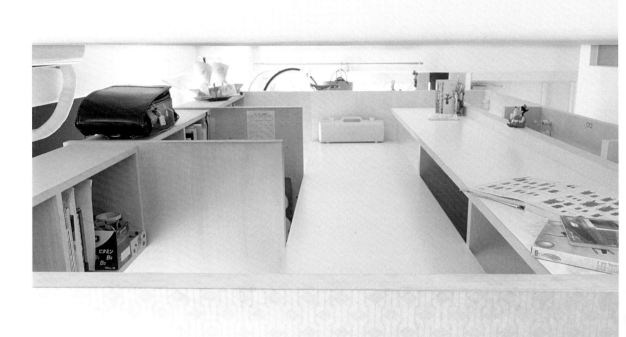

Naoto Mitsumoto, Naoko Hamana / mihadesign
© Sadao Hotta

Kota Mizuishi / Mizuishi Architect Atelier
© Hiroshi Tanigawa

FO Design
© Cynthia van Elk